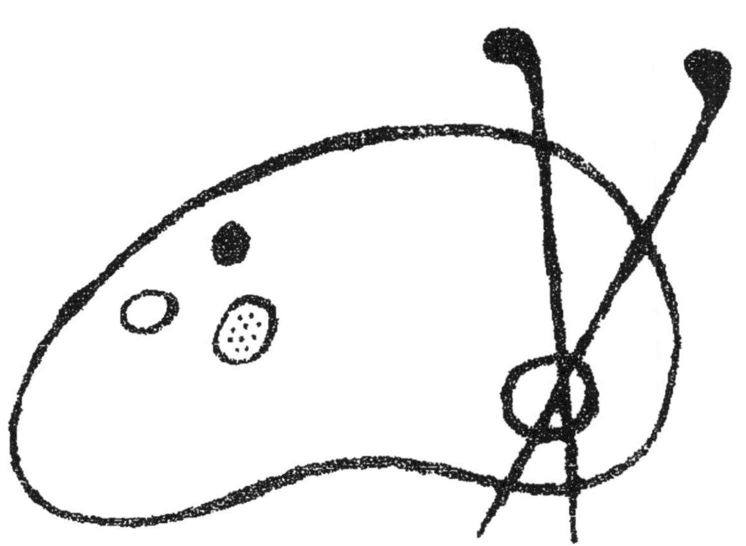

Début d'une série de documents
en couleur

LA
MAISON NIVET

A LIMOGES

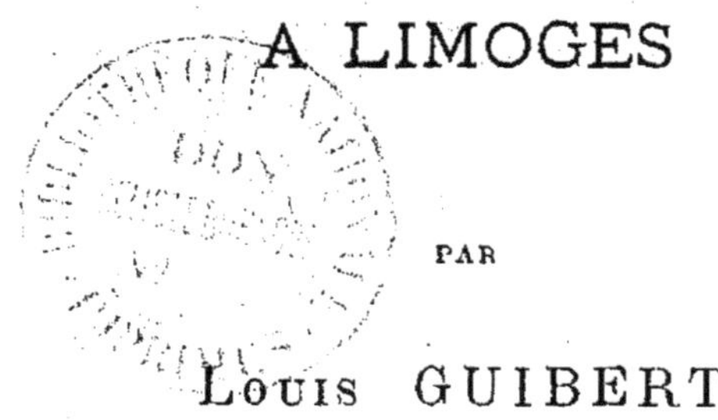

PAR

Louis GUIBERT

Secrétaire général de la Société archéologique et historique
du Limousin

LIMOGES

IMPRIMERIE-LIBRAIRIE LIMOUSINES

Vᵉ H. DUCOURTIEUX

7, RUE DES ARÈNES, 7

1898

OUVRAGES DU MÊME AUTEUR :

Le Château de Châlucet (avec un plan). — Limoges, Sourilas-Ardillier, 1863 (2ᵉ édit., revue et augmentée, 1871).

Crucifixa. — Paris, Dentu, 1863.

Rimes franches. — Paris, Librairie centrale, 1864.

Dolentia. — Paris, Librairie centrale, 1865.

Légendes du Limousin. — Paris et Tournai, Casterman, 1864, 1866 et 1876.

Limoges et le Limousin. — Paris et Tournai, Casterman, 1868 et 1875.

Quelques notes sur la surveillance légale, lettre à un député. — Paris. F. Henry, 1870.

Les Employés de Préfecture. — Paris, F. Henry, 1870.

L'Assemblée du 8 février et la Loi électorale. — Lyon, Josserand, 1871.

Un Journaliste Girondin. — Limoges, Sourilas-Ardillier, 1871.

De la Grève, du Travail et du Capital, conférence faite à une Association ouvrière de Lyon, le 30 mai 1870 (extrait de la *Décentralisation*). — Lyon, Josserand, 1871.

Questions électorales. — Paris, E. Lachaud, 1871.

Notes de Voyage (Mauvais jours, Ex intimo, Poésies diverses). — Paris, E. Lachaud, 1872.

La Crise des subsistances et les emprunts de la période révolutionnaire à Limoges (extrait de l'*Almanach limousin*). — Limoges, Vᵉ Ducourtieux, 1873.

Monuments historiques de la Haute-Vienne, rapport de la Commission de la Société archéologique et historique du Limousin (extrait du *Bulletin* de cette Société). — Limoges, Chapoulaud frères, 1874.

Assurances sur la Vie, notions pratiques. — Limoges, Vᵉ Ducourtieux, 1876.

Une page de l'histoire du Clergé français au xviiiᵉ siècle. Destruction de l'ordre et de l'abbaye de Grandmont. Carte des maisons de l'ordre. — Limoges, librairie Vᵉ Ducourtieux et Paris, librairie Champion, 1877. 1 vol. in-8º (*Epuisé*).

Rimes couleur du temps. — Paris, Dentu, 1877.

Sceaux et armes de l'Hôtel-de-Ville de Limoges. Sceaux et armes des villes, églises, cours, etc., des trois départements limousins. — Limoges, Chapoulaud, 1878.

Le Parti Girondin dans le département de la Haute-Vienne (extrait de la *Revue historique*). — Paris, 1878.

Les Pénitents (extrait de l'*Almanach limousin*). — Limoges, Vᵒ Ducourtieux, 1879.

Les Confréries de Pénitents en France et notamment dans le diocèse de Limoges (avec un dessin) — Limoges, Vᵒ Ducourtieux, 1879.

Coutumes singulières de quelques confréries et de quelques églises du diocèse de Limoges. — Limoges, Chapoulaud frères, 1879.

Anciens registres des paroisses de Limoges. — Limoges, Chapoulaud frères, 1881.

France ! chants, poèmes et paysages (avec MM. G. David, A. Hervo, P. Mieusset et A. Tailhand). — Paris, P. Ollendorff, 1881.

Les Hôtels-de-Ville de Limoges (extrait de l'*Almanach limousin*). — Limoges, Vᵒ Ducourtieux, 1882.

Le Livre de raison d'Etienne Benoist (1426). Avec un fac-similé. — *Ibid.*, 1882.

L'Orfévrerie limousine au milieu du xviiᵉ siècle (extrait du journal l'*Art*.) Paris, 1882.

Les Dettes de la ville de Limoges et le Conseil municipal. — Limoges, A. Ussel et G. Tarnaud, 1882.

L'Eau de ma Cave, deuxième lettre à la municipalité et au Conseil municipal. — Limoges, A. Ussel et G. Tarnaud, 1882.

Le Tombeau de Guillaume de Chanac, à Saint-Martial de Limoges (extrait du *Cabinet Historique*). Paris, Champion, 1882. — Réédition, Tulle, Crauffon, 1883.

La Famille limousine d'autrefois, d'après les testaments et la Coutume. — Limoges, librairies Vᵉ Ducourtieux et Leblanc, 1883.

Quelques notes extraites du Cartulaire d'Aureil. — Tulle, Crauffon, 1883.

Les Corporations de métiers en Limousin et spécialement à Limoges (extrait de la *Réforme sociale*). — Paris et Limoges, Ducourtieux, 1883.

OUVRAGES DU MÊME AUTEUR *(suite)*

Les Confréries de dévotion et de charité et les œuvres laïques de bienfaisance à Limoges, avant le xve siècle (extrait du *Cabinet historique*). — Paris, Champion. 1883.

Le Prédicateur Menauld (extrait de l'*Almanach limousin*). — Limoges, Ve Ducourtieux, 1884.

Commentaires d'Etienne Guibert sur la Coutume de Limoges (1628) avec une note sur les différents textes de cette Coutume. Limoges, Société générale de papeterie, 1884.

Le Bénédictin Dom Col en Limousin. — Limoges, Ve Ducourtieux, 1884.

La Ligue à Limoges (1589). — Limoges, Ve Ducourtieux, 1884.

Journal du Consul Lafosse (1649). — Limoges, Ve Ducourtieux, 1884.

Registres Consulaires de la ville de Limoges, 1508-1790, publié sous les auspices de la Société archéologique et historique du Limousin : publication commencée par M. Émile Ruben, secrétaire général de cette Société et continuée par M. L. Guibert, vice-président, 6 vol. in-8°, 1867-1898.

L'Orfévrerie et les Orfévres de Limoges (dessins). — Limoges, Ve Ducourtieux, 1885.

La Corporation Limousine : ses caractères, son rôle, phases principales de son histoire. Rapport présenté au Congrès des œuvres catholiques tenu à Limoges (août-septembre 1885). — Extrait de *LaControverse et le Contemporain*. — Limoges, Ve Ducourtieux, 1885.

Sceaux et Armes des deux villes de Limoges et des villes, églises, cours, etc. Supplément. — Limoges, Ve Ducourtieux, 1885 (dessin de M. Bourdery).

Les Emigrés Limousins à Quiberon. — Limoges, Ve Ducourtieux, 1885.

Des formules de date et de l'époque du commencement de l'année en limousin. Tulle, Crauffon, 1886.

Les Enclaves Poitevines du diocèse de Limoges (carte). — Limoges, Ve Ducourtieux, 1886.

Les Foires et Marchés limousins aux xiiie et xive siècles (extrait de l'*Almanach limousin*. — Limoges, Ve Ducourtieux, 1887.

Le Limoges d'autrefois, sa physionomie, ses habitants, ses mœurs, ses institutions. — Limoges, Ve Ducourtieux, 1887.

Châlucet (6 dessins de M. F. de Verneilh et plan). — *Ibid.*, 1887. un vol. in-8°.

Les Tours de Châlucet (6 dessins de M. F. de Verneilh et plan). — *Ibid.*, 1887.

La Société archéologique de Limoges à l'Exposition de Tulle, dessin de M. Louis Bourdery). — Limoges, L. Boyer et Ve Ducourtieux, 1887, in-18.

Le Budget de la ville de Limoges au moyen-âge — *Ibid.*, 1888, in-18.

La dette Beaupeyrat. — *Ibid.*, 1888, in-18.

Le Livre de Raison des Baluze. — *Ibid.*, 1888, in-8°

L'orfévrerie et les émaux d'orfévre à l'Exposition de Limoges, en 1886. — *Ibid.*, 1888, in-8° (2 dessins).

Peintures murales de l'église de Saint-Victurnien. — *Ibid.*, 1888, in-8° (dessin).

L'Ecole monastique d'orfévrerie de Grandmont et l'autel majeur de l'église abbatiale. — *Ibid.*, 1888, in-8°.

Exposition rétrospective de Limoges, 1886. — Photographies par Mieusement, texte par L. Guibert (50 planches). Paris, G. Chamerot, in-fol., 1887.

Un mariage à Limoges en 1687. — Limoges, Ve Ducourtieux, 1887 (deux éditions).

Exposition de Limoges : L'Art rétrospectif, par MM. L. Guibert et Jules Tixier. — *Ibid.*, 1888 (104 planches).

Catalogue des manuscrits de la Bibliothèque communale de Limoges (t. IX du Catalogue général des manuscrits des Bibliothèques publiques de France. Départements). — Paris, Plon et Nourrit, 1888.

Le Graduel de la Bibliothèque de Limoges, (extraits du *Bulletin du Comité des travaux historiques*). — Paris, 1888.

Livres de raison, Registres de famille et Journaux individuels limousins et marchois, (publ. avec le concours de MM. A. Leroux, P. et J. de Cessac et l'abbé Lecler). — Limoges, Ve Ducourtieux et Paris, Alph. Picard, 1888.

Anciens statuts du diocèse de Limoges (extrait du *Bulletin du Comité des travaux historiques*). — Paris, E. Leroux, 1889.

L'Instruction primaire en Limousin sous l'ancien régime.—Limoges, V⁰ Ducourtieux, 1889.

Les Cahiers de la Marche et du Limousin en 1789. — Ibid., 1889.

Monuments historiques de la Haute-Vienne. Rapport de la Commission nommée par la Société archéologique du Limousin. — *Ibid.,* 1889.

Association des anciens élèves du Lycée de Limoges. Banquet du 27 novembre 1889. Toast au Lycée de Limoges. — *Ibid.,* 1890.

Notice sur le Cartulaire de l'abbaye cistercienne d'Obazine. — Tulle, Crauffon, 1890.

Les syndics du commerce à Limoges. — Limoges, V⁰ Ducourtieux, 1890.

Les communes en Limousin, du XII⁰ au XV⁰ siècle (extrait de la *Réforme*).— *Ibid.,* 1891.

La commune de St-Léonard de Noblat au XIII⁰ siècle (plan). — Limoges, V⁰ H. Ducourtieux, et Paris, Alph. Picard, 1891.

Les Institutions privées et les Sociétés d'économie, d'épargne et de crédit à Limoges (extrait de la *Réforme sociale*). — Paris, Société d'Economie sociale, 1891.

De l'importance archéologique des Livres de raison (Congrès de la Société française d'archéologie tenu à Brive en 1890). — Caen, Henry Delesques, 1892.

Le troisième mariage d'Etienne Benoist. — Limoges, Ducourtieux, 1892.

Les Manuscrits du Séminaire de Limoges (notice et catalogue). *Ibid.,* 1892.

La monnaie de Limoges. — Ibid., 1893.

Collections et collectionneurs Limousins : la collection Taillefer. — Ibid., 1893 (un dessin de M. Jules Tixier).

Les premiers imprimeurs de Limoges. — Ibid., 1893.

Luron : topographie, archéologie, histoire (plan). — *Ibid.,* 1893.

Reliquaires Limousins : types, formes et décor. — Tulle, Crauffon, 1895.

Nouveau recueil de Registres domestiques Limousins et Marchois, avec le concours de MM. Alfred Leroux, J.-B. Champeval, l'abbé Lecler et Léonard Moulle. Tome I⁰⁰. — *Ibid.,* 1895.

Ce qu'on sait de l'enlumineur Evrard d'Espinques. — Guéret, Amiault, et Limoges, V⁰ H. Ducourtieux, 1895.

Les anciennes confréries de la basilique de Saint-Martial. — Ibid., 1895.

Le Consulat du Château de Limoges au moyen âge. — Ibid., 1895.

Reliquaires limousins, types, formes et décors. — Tulle, Crauffon, 1895.

Ce que coûtait au XIV⁰ siècle le tombeau d'un cardinal.—Paris, Plon, Nourrit et C⁰⁰, 1895.

Le Consulat du Château de Limoges au moyen âge. — Limoges, V⁰ Ducourtieux, 1895.

La Pierre dite de Saint-Martin, à Jabreilles. — Ibid., 1896.

Prédicateurs et prédications d'autrefois. — Limoges, in-32, 1897.

Limoges qui s'en va : 1. Le quartier Viraclaud ; 2. Le Verdurier, Vieille-Monnaie, Arbre-Peint, Rafilhoux. (Extrait de la *Gazette du Centre*). — Limoges, Perrette, 1897.

Documents, analyses de pièces, extraits et notes relatifs à l'histoire municipale des deux villes de Limoges, deux volumes in-8 (tomes VII et VIII de la série : *archives anciennes* publiée par la Société des Archives historiques du Limousin). — Limoges, F. Plainemaison, in-8⁰, 1897. — Le second volume est sous presse.

Les archives de famille des Péconnet de Limoges. — Limoges, V⁰ Ducourtieux, 1898.

Les anciennes sépultures de l'abbaye de Saint-Martin-les-Limoges, et la crosse de l'archevêque Geoffroi. — Limoges, V⁰ Ducourtieux, 1898.

Un livre allemand sur le Limousin. (Extrait de la *Gazette du Centre*). — Limoges, imp. de la *Gazette du Centre,* 1898.

Les Evêques de Limoges et la paix sociale. — Limoges, V⁰ Ducourtieux, 1898.

Limoges. — Imp. V⁰ H. Ducourtieux, 7, rue des Arènes.

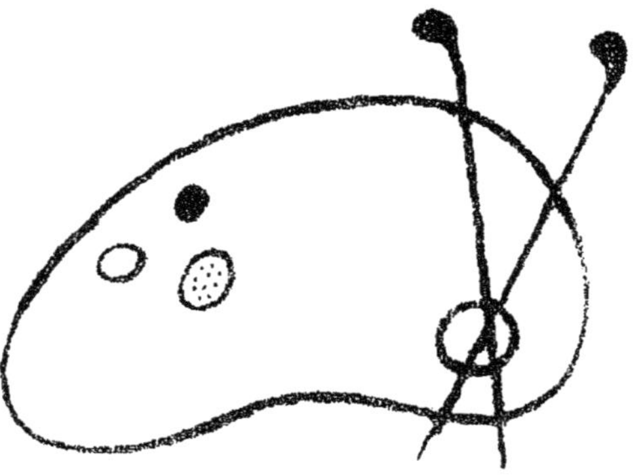

Fin d'une série de documents
en couleur

LA MAISON NIVET A LIMOGES

LA MAISON NIVET A LIMOGES

LA
MAISON NIVET

A LIMOGES

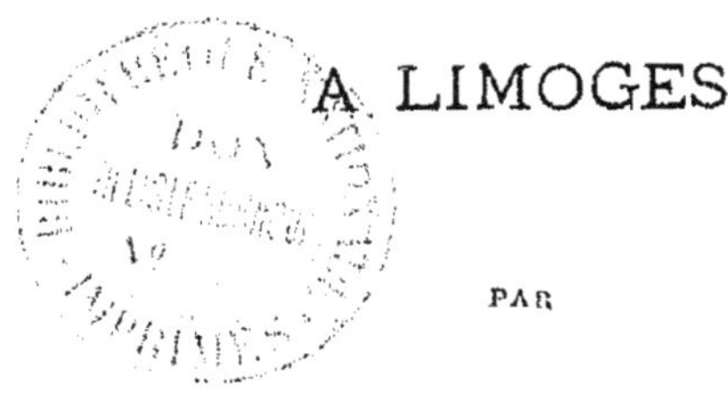

PAR

Louis GUIBERT

Secrétaire général de la Société archéologique et historique
du Limousin

LIMOGES

IMPRIMERIE-LIBRAIRIE LIMOUSINES

V⁰ H. DUCOURTIEUX

7, RUE DES ARÈNES, 7

1898

LA MAISON NIVET A LIMOGES

L'hôtel dont l'élégante façade porte actuellement le n° 8 de la
rue des Combes, va bientôt disparaître avec toutes les constructions formant le côté droit, ou, pour parler avec plus de précision, le
côté nord-est de la vieille « charrière » demeurée à Limoges la dernière vassale de l'abbaye de Saint-Martial. Ces bâtisses, non sans
un certain cachet pittoresque, et dont quelques-unes connurent de
meilleurs jours, sont presques toutes, petites ou grandes, d'assez
misérable aspect. Au milieu de ce pauvre quartier, entre ces cages
noires et ces taudis de mine louche, l'immeuble auquel nous consa-
crons cette notice, tranchait par le ton clair et le choix de ses maté-
riaux, le bon goût de son ornementation, son cachet artistique, et
plus encore peut-être par son honnête apparence. Il avait échappé
à la déchéance, à la honte du voisinage. Jusqu'au dernier jour, il
aura, à l'entrée du *ghetto* infâme de Viraclaud, gardé son air de
bonne maison et sa respectabilité.

Ce joli échantillon du style en faveur jusque vers le milieu du
règne de Louis XIII, s'était conservé à peu près *intact*, au moins à
l'extérieur. Il avait passé par peu de mains et ses possesseurs ne
lui avaient jamais fait subir de ces « réparations » qui équivalent à
des amputations et changent à tout jamais la physionomie origi-
nale d'un édifice. On continuait de l'appeler la « maison Nivet »,
bien qu'il n'appartînt plus, depuis vingt ans, à la famille de ce nom.
Il était devenu la propriété d'un ancien négociant, l'honorable
M. Victorin Buffière, qui l'avait acquis, en 1878, des frère et sœur
Nivet. La famille de ces derniers possédait l'immeuble depuis 1806,

époque à laquelle un de ses membres l'avait acheté aux héritiers de Madame Limousin de Neuvic. On a pu voir, la semaine dernière, dans les journaux de Limoges, l'épilogue de l'histoire de cet hôtel : le jury d'expropriation, dans sa séance du 20 janvier 1898, a alloué à M. Buffière, pour prix de cette maison, dont les constructions, cour et jardin couvraient une superficie de plus de 850 mètres carrés, une indemnité de 115,000 francs, indépendamment de celle de 18,000 francs accordée au même propriétaire pour l'immeuble n° 6 de la rue des Combes. La démolition va sous peu commencer.

Histoire, avons nous dit : la « maison Nivet » a-t-elle eu une histoire ? Jusqu'à la Révolution, elle n'a guère fait parler d'elle, et aucun souvenir de quelque intérêt ne s'y rattache, sauf celui des fêtes qui y furent données par M. Regnaudin, trésorier de France, subdélégué de l'intendance de Limoges, et celui d'un court séjour de Mgr du Plessis d'Argentré en 1791, après la clôture de la session des Etats Généraux (1). Mais, en ce siècle, elle a reçu des hôtes célèbres, abrité des hommes qui ont su forcer leurs contemporains à apprendre leur nom et la postérité à le retenir. Un de nos confrères, M. Fray-Fournier, a, dans une piquante étude tout récemment publiée par le *Bibliophile Limousin* : « Balzac à Limoges », rappelé que M. de Martignac, le futur ministre de Charles X, alors procureur général en notre ville, avait occupé, au cours des années 1820 et 1821, l'hôtel de la rue des Combes ; que, plus tard, le fils du poète Millevoye, avocat général à notre cour d'appel, y avait quelque temps demeuré ; qu'enfin la famille Nivet-Tourangin y avait reçu, notamment en 1832, l'auteur de la *Comédie humaine*. On sait que Balzac a placé à Limoges les principales scènes d'un de ses romans les plus curieux et les plus dramatiques : *Le Curé de Village*.

Le terrain acquis de M. Buffière, bien que trois de ses principaux côtés fussent rectilignes et se rencontrassent presque à angle droit, n'avait pas une forme régulière. Il était singulièrement rétréci au sud, et sa façade sur la rue des Combes ne mesurait pas plus de dix mètres ; il pénétrait à l'est, en s'évasant, derrière les maisons voisines, et sa largeur dépassait vingt mètres en face du coude que faisait la rue Malmanche. Le flanc gauche, du côté du couchant, bordait la rue Soretas sur une étendue de quarante-quatre mètres : plus de la moitié de sa longueur. Au nord, la propriété se terminait

(1) A. Fray-Fournier : *Balzac à Limoges* (livraison du *Bibliophile Limousin* d'avril 1898).

carrément par une ligne droite de vingt mètres, dont l'extrémité est, atteignant la rue Malmanche, était jointe par une ligne brisée d'un tracé assez capricieux à l'extrémité de la façade dans la direction de la rue Sainte-Valérie. La surface totale était exactement de 858ᵐ38, dont 340ᵐ85 en jardin et cour, et 517ᵐ53 en constructions.

Ces constructions se composaient, outre des dépendances sur la rue Malmanche, de trois grands corps de logis à deux étages sur rez-de-chaussée : celui portant le n° 8 de la rue des Combes, qui était le principal et le plus ancien, la véritable « maison Nivet » ; le bâtiment qui, communiquant avec celui-ci, longeait la rue Soretas, sous le n° 2 de cette rue ; celui enfin qui, formant retour sur le précédent, occupait tout le fond du jardin et faisait face à l'hôtel proprement dit. Ces deux derniers ne remontaient qu'au dix-huitième siècle, tout au moins avaient-ils été remaniés. Ajoutons que le style de la plus grande partie de leurs boiseries dénonçait l'époque impériale. La partie antérieure du premier étage de ces deux bâtiments, au pourtour du jardin, était soutenue par d'assez belles colonnes, semblables de tous points à celles qu'on voit encore dans les cours de plusieurs maisons des rues du Consulat et du Temple.

Trois côtés de l'emplacement étaient ainsi formés par des constructions. Du côté de la rue Malmanche seulement, la propriété était fermée par un simple mur de clôture, avec un portail ouvrant, au n° 3 de cette rue, sur la cour. Cette cour, pavée, était en contre-bas d'un petit jardin ; il s'y trouvait une construction, placée en arrière de l'hôtel proprement dit, à l'est, et pouvant servir d'écurie, remise, décharge.

La maison Nivet, dans son ensemble, n'appartient plus au style de la Renaissance, qu'elle rappelle néanmoins par maint détail. Elle accuse l'évolution qui s'est déjà produite dans les conceptions de l'architecture civile, et les changements matériels qui en ont été la conséquence. La crise aiguë qui vient de mettre la France à deux doigts de sa perte, a heureusement pris fin. On se rassure ; on se réjouit. Tout le monde a confiance dans l'avenir. Un nouveau *programme* s'impose à l'architecte et de nouvelles exigences modifient les anciens plans.

Au temps des guerres religieuses, au temps de la Ligue, le citoyen, toujours inquiet, ne tenait pas à ouvrir bien grandes ses portes ni ses fenêtres. La paix et la sécurité sont revenues maintenant. On veut de l'air ; on veut du jour : les ouvertures s'élargissent et se rapprochent ; les escaliers et les couloirs changent d'aspect. Les pièces de l'habitation s'éclairent et s'égaient. Le logis est assurément moins pittoresque qu'au siècle précédent, mais il est plus sain et plus commode.

Ce n'est ni par une grande originalité d'aspect, ni par une richesse exagérée de décor que la façade du vieil hôtel appelle le regard et le retient. Elle a un air distingué, d'heureuses proportions, une élégance simple et robuste qui procurent aux yeux une certaine satisfaction. Et puis, nous l'avons déjà dit, elle les réjouit par la note très vive de propreté, de confortable, de luxe relatif qu'elle donne au milieu de ces vieilles maisons de granit mal percées, obscures, dont les ouvertures étroites et sombres semblent les trous béants d'une caverne, — et de ces bâtisses plus modernes, où les crépis dégradés laissent apercevoir les bois noircis des charpentes extérieures, les tons ici jaunâtres, là gris sale du torchis que leur rôle serait de dissimuler.

La façade, en belle pierre de taille d'un grain assez fin, se couronne d'un entablement très simple, qui n'est en somme qu'une sorte de large bandeau, avec une moulure en bas et une corniche au sommet, sans nulle prétention à la frise. Ni décorations courantes, ni gracieuses niches, ni lucarnes ornementées. Nulle part on n'aperçoit ces encadrements délicats, ces panneaux ménagés sur toutes les surfaces, où les sculpteurs de la Renaissance aimaient tant à dérouler leurs élégants feuillages, à disposer leurs gracieux festons, à entremêler leurs capricieux rinceaux, à faire grimacer les faces narquoises de leurs mascarons. Les fenêtres — il y en a quatre à chaque étage — n'ont pas de cadres richement moulurés. Un simple chanfrein suit leur contour et l'accuse avec discrétion. Elles sont du reste de bonnes proportions, ni trop grandes ni trop petites, placées à intervalles à peu près égaux. Au rez-de-chaussée, une porte cochère s'ouvre entre deux pilastres d'un assez joli dessin, mais dont la partie supérieure semble un peu étriquée. L'architrave qui les relie est relevée à son centre par un cartouche. Au-dessous de ce cartouche, qui a vraisemblablement porté des armoiries depuis longtemps grattées, un petit cul de lampe atténue un peu la sécheresse des lignes droites. L'appareil du portail est en saillie sur le parement de maçonnerie du reste de la façade. Des fenêtres carrées, munies d'une grille, s'ouvrent de chaque côté de cette entrée.

Au-dessus de l'entablement dont nous avons parlé plus haut et dont une corniche fort sobre forme le rebord supérieur, cinq urnes de pierre s'élèvent, semblables à des panaches au sommet d'un dais. Celle du milieu et celles des deux extrémités sont de plus grandes dimensions que les intermédiaires ; des fleurs de lis les surmontent ; une sorte de console, sculptée au-dessous de la corniche, semble servir à chacune de support. La première fenêtre du second étage, à partir du coin nord-ouest, est surmontée d'un panneau en pointe de diamant, faisant une assez forte saillie sur le nu du bandeau supérieur ; un peu plus loin, un motif un peu plus compliqué, mais dérivant du même élément décoratif avance au-dessus de la troisième. Trois gargouilles, en forme de canon, s'inclinent sur la rue et complètent l'ornementation de ce couronnement : elles réveillent un écho inoffensif des préoccupations guerrières des âges passés.

Une petite tourelle, coiffée d'une toiture en lanterne, s'accroche en encorbellement à l'extrémité ouest de la façade, et rompt heureusement la symétrie de l'ordonnance générale. Les cordons et les baguettes qui dessinent les divers étages de la maison se continuent à sa circonférence et lui font une ceinture. Cette tourelle se termine, à sa partie inférieure, par un cul-de-lampe assez délicatement travaillé.

A l'intérieur, de vastes pièces, garnies de belles boiseries, mais n'offrant, en somme, aucune particularité digne de remarque. Quelques jolis trumeaux ; quelques cadres de glace assez bien fouillés, mais tout cela d'une date très postérieure à la façade. Les anciennes cheminées ont été depuis longtemps enlevées et remplacées par des cheminées de marbre ou de bois de moindres proportions. La salle à manger est décorée de panneaux peints, il y a une cinquantaine d'années, par Gardel, nous a-t-on dit : peintures médiocres et médiocrement décoratives. Des panneaux d'Aubusson eussent produit un tout autre effet.

Le morceau caractéristique et vraiment intéressant, en dehors de la façade, est le lourd escalier de pierre, montant jusqu'au second étage et le long duquel une rampe massive remplace la galerie à balustres. C'est cet escalier surtout qui accuse le style de la première moitié du dix-septième siècle. L'entablement de la lanterne est supporté par six petites colonnes, les unes droites, les autres torses, dont le dessin et les proportions laissent peut-être un peu à désirer, mais qui n'en donnent pas moins à la partie supérieure de cette cage un certain air monumental.

L'immeuble Nivet-Buffière n'a appartenu, jusqu'à la Révolution, à aucun personnage ayant joué un rôle important dans les événements de l'histoire locale ; il n'a été le théâtre d'aucun épisode de quelque intérêt. Si donc, au point de vue pittoresque, et aussi à cause de l'extrême rareté, à Limoges, des édifices de cette époque ayant gardé quelque caractère, sa disparition doit être regrettée, il tombera sans éveiller aucun écho de notre passé.

Il appelle néanmoins, à un point de vue tout spécial l'attention des personnes qui s'intéressent aux choses d'autrefois, à tous les côtés de la vie de nos pères, à toutes leurs conceptions, à toutes les manifestations de l'activité sociale et économique. L'hôtel de la rue des Combes était, on l'a vu, un des immeubles les plus vastes que possédât *intra muros* l'ancien Château de Limoges, et la suite dans les idées, la persévérance avec laquelle l'a constitué, par des achats successifs, une des premières familles de notre bourgeoisie, mérite d'être notée.

A la fin du moyen âge, les terrains s'étendant entre la grande rue des Combes, le *sol* des Combes comme on disait jadis, la rue Sorelas ou de las Sororetas, la rue Malmanche et le haut de la rampe de Viraclaud, étaient fort divisés, comme le sont encore toutes les sections de ce pauvre quartier. Les maisons se pressaient, se poussaient, s'accumulaient, montaient pour ainsi dire les unes sur les autres, laissant parfois derrière elles quelque petite cour étroite, obscure, humide, malsaine, enfoncée au milieu des constructions, avec des aspects d'oubliette ou de puits.

Dans la seconde moitié du quinzième siècle, les principales constructions qui s'élevaient en bordure à la rue des Combes, sur l'emplacement actuel de l'hôtel récemment exproprié, étaient, autant que nous pouvons le constater, deux maisons appartenant à un notaire du nom de Jean Pénicaud. Ce notaire était mort avant la fin du siècle, et un acte de 1491 mentionne ses héritiers. Auprès de ces immeubles se trouvaient ceux de Léonard Mosnier dit « de Las Sourrettas » et de Jean du Masbouchier, *imaginier*, c'est-à-dire faiseur de statues, sculpteur, — peut-être aussi celui d'un sergent royal du nom d'Adémar Caboti, dont les descendants devaient embrasser aussi une profession confinant à l'art : deux au moins furent peintres, et leurs noms sont cités par M. Antoine Thomas dans l'inventaire de nos Archives communales.

Au cours du seizième siècle, plusieurs familles connues sont propriétaires sur ce point. Les noms de Johannaud, de Descoustures, de Pénicaud, nous sont donnés par un certain nombre de documents. On trouve partout des Pénicaud. Ils pullulaient dans la partie basse de la rue des Combes, autour de la fontaine du Chevalet et auprès de l'hôpital de Saint-Martial (et non de Saint-Gérald, comme l'indique quelque part M. Maurice Ardant). Les titres du temps témoignent combien était bien fondé le dicton

Loû Penicau
Avian lour meïjoû prei de l'Hopitau.

Bien que l'hôtel Nivet présente incontestablement tous les caractères de l'architecture en usage au début du règne de Louis XIII, il

semble n'avoir été construit qu'après 1640. Nous n'avons, en ce
qui nous concerne, pu découvrir aucune pièce de nature à nous
fixer d'une façon un peu précise sur l'époque de son édification.
Notre excellent confrère, M. l'abbé Lecler, a eu entre les mains,
nous assure-t-il, un testament ou une lettre de Jacques de Petiot
faisant allusion aux dépenses d'une construction qui pourrait bien
être notre hôtel ; mais il n'a pas gardé note de la date de la pièce
en question.

Il semble bien que la maison de la rue des Combes ait été en
effet bâtie par la famille Petiot ; c'est la tradition, et il y a bien des
raisons pour croire celle-ci fondée. Mais peut-être faut-il, dans ce
cas, reculer de quelques années la date de sa construction et la reporter
aux environs de 1650. Rien d'étonnant au surplus à ce que notre
architecture soit un peu en retard à cette époque. Le Limousin
retarda, au moyen âge, pour l'écriture comme pour le style des
constructions. Ne nous accuse-t-on pas de retarder encore ?

Nous ne voyons pas que la famille Petiot, une des plus considé-
rables de la bourgeoisie limousine à cette époque, ait possédé
d'immeubles dans la rue des Combes avant le règne de Louis XIV.
Le premier que nous connaissons des actes relatifs à l'immeuble
objet de cette étude où ce nom soit prononcé, est un contrat du
29 décembre 1645 (1), par lequel Pierre Nantiac, bourgeois et mar-
chand, vend au prix de 3,100 livres à Jacques de Petiot, conseiller
du roi, juge royal de Limoges, seigneur de la Motte de Gain, une
maison sise rue des Combes, près la fontaine du Chevalet. Cette
fontaine, qui avait au moyen âge porté le nom de fontaine de Cons-
tantin, s'élevait en effet, avant 1783, presque en face de l'hôtel
objet de cette étude, de l'autre côté de la rue des Combes. A plusieurs actes du milieu du dix-septième siècle, tous postérieurs à 1645,
il est parlé de « la maison et basse-cour » de M. Petiot, sise dans cet
endroit : ces mentions se réfèrent sans nul doute à l'ancien immeuble
Nantiac. Une dame portant ce nom, veuve d'un Descoustures,
possède encore, quelques années plus tard, une maison contiguë.

Le répertoire général des titres relatifs aux cens et rentes dus au
chapitre de Saint-Martial mentionne, il est vrai, page 30 du tome
premier, une reconnaissance se rapportant à une acquisition, faite
en 1548 par Jacques de Petiot, des héritiers de Nicolas de la Voulte,
d'une maison située tout auprès de la précédente. Mais cette date
est erronée : c'est 1648 qu'il faut lire, et on trouvera plus loin
l'analyse du contrat d'acquisition dont il s'agit.

(1) Archives du château de la Motte, paroisse de Peyrilhac : pièces
communiquées par M. de Brettes, Poulaines (Indre), à M. l'abbé Lecler.

La maison de Pierre Nantiac paraît donc avoir été le premier immeuble acheté par la famille de Petiot dans ce quartier. Dans la seconde moitié du seizième siècle et au début du dix-septième, cette famille habite les cantons de Lansecot et des Bancs. Ses membres figurent souvent parmi les notables de ces deux quartiers, sur la liste des électeurs chargés de désigner les magistrats municipaux.

L'immeuble Nantiac était-il l'hôtel Nivet, déjà construit ? Nous ne saurions l'admettre : le prix de 3,100 livres serait, même pour le temps, par trop au-dessous de la valeur de l'immeuble, celui-ci fût-il réduit au corps de bâtiment en façade et à la cour. Il faut donc penser, ou que l'hôtel avait été seulement commencé par Nantiac et qu'il le vendit inachevé, ou bien que la maison acquise en 1645 fut démolie et que sur son emplacement et celui d'un autre immeuble vendu en 1648 à Petiot par les héritiers de Nicolas de la Voulte, l'acquéreur fît peu après construire le bâtiment que nous voyons aujourd'hui. Nous nous en tiendrons à cette hypothèse, en l'absence de tout document.

La famille Petiot ne compte pas moins de six membres qui, aux seizième et dix-septième siècles, ont exercé les fonctions de juge royal de Limoges : Jean de Petiot est pourvu de cette charge en 1564 ; Martial en 1588 et 1589 ; Joseph en 1593 ; il meurt en 1603, investi des mêmes fonctions, qu'on voit occupées par Jacques, son frère, en 1608 : celui-ci les résigne en faveur d'autre Jacques, fils de Joseph, et à ce dernier succède, dans sa judicature, son fils Jacques, troisième du nom.

Nous ne saurions dire si l'acquéreur de la maison Nantiac était le petit-fils ou seulement un collatéral de Martial de Petiot « le saint », celui que des documents du temps nous montrent dans son costume de velours noir, la cuirasse au dos, la hallebarde au poing, dirigeant la grande manifestation organisée par les ligueurs après l'occupation de l'église de Saint-Michel, et adjurant les citoyens de prendre les armes pour défendre avec lui la religion et la liberté. Ce personnage intéressant à divers titres, qui fut à Limoges l'instrument principal du parti de la Ligue et le plus dévoué de ses soldats, paya de sa vie l'audacieuse tentative du 15 octobre 1589. Condamné à mort par le Présidial, qui avait, au cours même de la lutte, ouvert une instruction sommaire contre les auteurs du complot, il fut exécuté le 17, en compagnie du vice-sénéchal Vouzelle, du greffier Claude Rouard et de l'hôte du *Cheval Blanc*, Léonard Delauze, lui aussi une des figures originales de cette époque tourmentée.

La constitution, au moyen d'acquisitions successives, de l'immeuble qui a appartenu en dernier lieu à M. Buffière, et l'édification de l'hôtel que nous allons voir disparaître, paraît devoir être attribuée aux deux derniers des juges de Limoges nommés plus haut : à Jacques, époux de Françoise Constant, vivant encore en 1649, et à son fils Jacques, héritier d'un oncle et parrain fort riche, Jacques Dupont. Un certain nombre d'actes, qui nous ont été obligeamment communiqués par le dernier propriétaire, permettent de suivre les agrandissements successifs de la propriété primitive de 1645 à 1660.

C'est le père qui a fait l'acquisition de 1645, de Pierre Nantiac. Trois ans plus tard, le 23 août 1648, le fils achète des Lestrade, pâtissiers, une maison ayant appartenu à Nicolas de la Voulte, maître-sellier, premier mari de Denise Germain, devenue en secondes noces l'épouse d'un des Lestrade. Cette maison confronte « par devant et par derrière » à celle appartenant au père de l'acquéreur. Elle est chargée de vingt sous de rente, dix de rente foncière au chapitre de Saint-Martial, dix de rente seconde à la confrérie de Sainte-Agathe.

Une troisième acquisition suit de près les deux premières : un musicien, Pierre Ranciat le jeune (son nom est aussi orthographié Ransiat et Rantiat), possédait un terrain et une portion de construction attenant à la propriété des Petiot, du côté de la rue Malmanche. Cet immeuble, qui devait, outre un cens au chapitre, une petite rente à la confrérie des cierges de Saint-Martial, fut cédé à Jacques de Petiot le fils par l'artiste, que les contrats qualifient tantôt de « joueur d'instruments », tantôt de « maître joueur des (sic) violons ». Il n'y avait pas encore, à Limoges, de Société philharmonique, et ce n'est guère que vers le milieu du siècle dernier qu'on voit nos professeurs et nos amateurs se réunir pour l'exécution de messes en musique et pour l'organisation de concerts ; mais il est intéressant de relever, dès les premières années du règne de Louis XIV, le nom de ce devancier des Charreire, des Farge et des Van Eycken. Les actes relatifs à cette acquisition s'échelonnent du 12 octobre 1650 au 23 novembre 1652.

Le 6 avril 1655, une nouvelle annexion s'opère, cette fois à l'est des terrains déjà acquis, au-dessous de l'immeuble Ranciat : il s'agit d'une maison appartenant à Marsalle Bonin, femme de Fiacre Dumas, seigneur de Chavanat. Cette maison confronte à une autre du conseiller Descoustures, et à la rue Sainte-Valérie.

Autre acquisition cinq ans plus tard, encore dans la même direction. En 1660, un Baresge (ou Barrage ?) vend à Jacques de Petiot la moitié d'une maison rue Sainte-Valérie. Ne serait-ce pas le complément de la partie de construction achetée dix ans plus tôt de Ranciat? Peut-être des acquisitions subséquentes eurent-elles lieu, notamment de Martial Charles, « maître architecte », qui possédait un immeuble attenant au précédent. Mais il y a, dans les documents mis avec la plus grande obligeance à notre disposition par M. Victorin Buffière, des lacunes qui ne nous permettent pas de saisir, après 1660, la suite des opérations de Jacques de Petiot.

L'immeuble formé avec tant de persévérante ténacité par ce dernier resta longtemps dans sa famille. Il n'en sortit qu'au siècle suivant. Le 14 janvier 1734, il fut acquis par Jean-François Regnaudin, seigneur de Puynesge, conseiller du roi, président-trésorier de France.

A la suite de cette acquisition, l'immeuble étant de la fondalité de Saint-Martial, le nouveau propriétaire dut reconnaître les droits de l'abbé et du chapitre et s'obliger à leur verser la petite rente qui leur était due. L'acte relatif à cette reconnaissance désigne ainsi l'hôtel en question :

« Une maison, scituée rue des Combes, confrontant, du costé du midy, a la maison de la veufve Beaubreuil, qui fut avant du s^r Alboin, et avant du s^r Descosutures de Laudoynas ; par le devant et du costé du couchant, à la grand rue des Combes et fontaine du Chevalet ; du costé du nord, à la ruette de Las Soretas et du Moulin à vent ; par le derrière et du costé du levant, à la rue Mallemange et canton du Peyrou Ste-Vallerie, et joignant aux maisons de feu Doudet et de la veufve Geoffre, pasticier ; — ladite maison composée de neuf différentes, scavoir : celle qui fait queyrie, vis-à-vis la fontaine du Chevalet, à la petite rue de Las Soretas, du costé du nord-est, de la fondalité de M^r l'Abbé et chargée de 6 s. de rente à la Pistancerie ; — plus d'autre maison située dans la petitte rue de Las-Soretas, de la fondalité des bayles de Ste-Agathe ; — plus d'autres sept maisons, touttes dans la fondalité dudit Chapitre, scavoir : la première composant la plus grande partie du devant de ladite maison, vis-à-vis la fontaine du Chevalet, qui avoit cy-devant appartenu a Antoine Penicaud, après a Nicolas La Voute ; ensuite a Pierre Lestrade et a Denise Germain, sa femme, qui l'avoit vendue audit s^r de La Mothe, confrontant par le devant a la grand rue des Combes et fontaine du Chevalet, d'une part, a ladite maison faisant queyrie, qui est de la fondalité dudit s^r abbé, d'autre ; a la maison de la veufve Beaubreuil, qui fut des Descoutures, sur laquelle est deub audit chapitre 10 s. de cens ; et les autres sept maisons scituées dans les rues de Mallemange, Peyrou-Ste-Valérie, Las Soretas et Moulin à Vent, composants aujourd'huy tant partie du devant de ladite maison acquise par ledit sieur Renaudin, que les autres apartements, batiments, cour et jardin qui la composent : le tout estant de la fondalité dudit chapitre : sur lesquelles est deub, scavoir : sur celle qui fut de la nommée Bouriaude, 20 [s. de] cens ; sur celle qui fut de Picantin, 13 s. cens et 2 s. de rente ; sur celle qui fut de Pierre Penicaud, 5 s. cens ; sur celle qui fut de Goudin, 4 s. de cens ; sur celle qui fut de Pierre Garat, seinturier, 4 s. cens, et sur celle qui fut des héritiers de Martial Favelon, apotiquaire, et de Clément de Milan, balancier, 6 s. cens, et accapt accoustumé sur toutes lesdites maisons (1). »

M. Regnaudin était, nous dit M. Fray-Fournier dans l'article que nous avons déjà eu occasion de citer, un homme distingué, ami des lettres et des arts, jouissant d'une grande considération. Ce fut lui qui, après la mort de M. de La Millière, fut chargé de remplir, avec le titre de subdélégué général, l'intérim de l'intendance. La *Feuille hebdomadaire* de Limoges nous a conservé le récit d'une fête qui fut donnée dans l'hôtel de M. Regnaudin le 24 janvier 1777, pour célébrer le cinquantième anniversaire des débuts du maître de la maison dans la charge de trésorier général : aubades, bouquets, visites, compliments, couplets chantés par la fille de l'amphytrion, dîner somptueux, réception magnifique, rien n'y manqua. Cinq ans plus tard, le héros de cette fête mourait, ayant dépassé sa quatre-vingtième année.

L'hôtel de la rue des Combes avait été depuis longtemps donné à la fille de Jean-François Regnaudin : Madeleine, qui épousa Joseph Limousin, seigneur de Neuvic et Masléon. Ils eurent une fille, Valérie, mariée à Joseph Du Garreau, marquis de La Seinie, mort dans l'émigration en 1796, et dont deux fils avaient été fusillés l'année précédente à Quiberon (2). Ce fut de cette famille que M. Nivet acheta en 1806 le joli hôtel qu'on va démolir.

Un certain nombre de procès, intentés à l'occasion des eaux qui passent sous les constructions, ont troublé la jouissance des propriétaires successifs de l'immeuble de la rue des Combes. Le récit de leurs vicissitudes, peu dignes de mémoire du reste, serait assurément jugé d'un médiocre intérêt par nos lecteurs : nous leur en ferons grâce.

---

(1) *Répertoire des titres, des cens, etc., dus à Messieurs du chapitre de l'église royalle et collegialle de Saint-Martial de Limoyes*, tome I, p. 30 et 31, aux Archives du département.

(2) Dans une notice sur *les Emigrés Limousins à Quiberon*, nous avons donné la traduction d'une pièce de vers composée en allemand, sur la mort des jeunes La Seinie.

Limoges, Imp. Vᵉ H. Ducourtieux, rue des Arènes.